Lk 9 31

DU COMMERCE

DES COLONIES,

SES PRINCIPES ET SES LOIS,

La Paix est le temps de régler & d'agrandir le Commerce.

1785.

TABLE.

Fin de la Table.

INTRODUCTION.

LA récompense du travail serait mesurée sur les produits de chaque territoire, & la nature du sol donnerait par-tout des bornes à la population, si le Commerce n'était pas, entre les mains des Peuples, un ressort universel qui sert à établir une puissance indirecte d'une Nation sur l'autre, & qui communique ses impulsions jusqu'aux extrémités de l'Univers.

Sous ce rapport, le seul dont les hommes d'Etat puissent être frappés, la direction du Commerce ne doit pas être soumise aux vues des Négocians, dont l'unique système est d'acheter à bas prix & de vendre cher : elle est un des principaux objets de l'administration publique, qui a pour but de multiplier les échanges & les travaux, & ne considere les Marchands que comme des êtres actifs, que le désir de gagner rendrait nuisibles à la Nation elle-même, si l'on ne savoit pas leur donner des occasions de faire payer à l'étranger l'impôt de leurs services.

A

Cependant les Lois commerciales de prefque toutes les Nations ont été dictées par les Commerçans, parce que, dans des temps où les lumieres n'étaient pas généralement répandues, ils étaient à peu près les feuls que l'on pût confulter fur les objets de leurs diverfes entreprifes.

Il en eft réfulté de grandes contradictions entre l'intérêt commercial de chaque Peuple, & les Réglemens particuliers de fon Commerce.

Colbert, dont le génie a plus influé que ne peut croire le vulgaire, fur la fituation & la politique actuelle des principales Nations de l'Europe (1), avait devancé par fes lu-

---

(1) Colbert avoit attiré en France les Arts & l'induftrie, que Louis XIV en chaffa dans fa vieilleffe. Les hommes habiles, & pleins d'énergie qui pafferent en Angleterre après la révocation de l'édit de Nantes, y porterent les grandes idées de Commerce & d'adminif-tration civile : délivrés de toutes entraves, leurs fpécula-tions fe porterent au degré le plus étonnant. C'eft à leurs entreprifes que l'Angleterre dut fes fabriques, fon commerce, & fes navigations hardies. Maintenant que ces germes de profpérité fe difpofent à revenir dans leur pays natal, ne les en chaffons pas par des idées rétrécies de monopole & de prohibition.

mieres tous ses contemporains. Il pensait
que la France, pour rendre les autres Peuples véritablement tributaires de son indus-
trie, ne devait mettre dans la masse du Commerce que l'échange de son superflu ; qu'en
toute circonstance, le Commerce des objets
manufacturés étoit préférable à celui des matieres premieres, & que les encouragemens
donnés à la pêche, les voyages du Nord, le
cabotage des côtes de la France qui domi-
nent sur les deux mers, étaient les seuls
moyens de fournir des Matelots à nos forces
navales.

Avant lui, la France avait déjà des Colonies ; mais, soumises à des Gouverneurs pro-
priétaires, vexées par des Compagnies exclusi-
ves, elles ne produisaient rien à la Nation,
& leurs établissemens languissaient.

Les Hollandais & les Anglais, déjà établis
dans les Antilles, porterent aux Français,
leurs voisins, des secours en tout genre, &
les Negres qu'ils firent sortir de leurs Colonies
pour aider aux entreprises de nos Cultiva-
teuts, furent la ressource & les premieres causes
de la fortune de ces derniers.

Il fallut alors supprimer les Compagnies ex-
clusives, & les Colonies resterent à peu près

ouvertes aux Navigateurs français & étrangers. C'eſt par des introductions interlopes d'eſclaves & d'inſtrumens aratoires , que ces Colonies commencerent à fleurir : mais à peine donnerent-elles des revenus, que les Français voulurent en bannir des rivaux dont la concurrence leur impoſait la néceſſité du travail & de l'économie ; ils demanderent de nouvelles lois prohibitives, afin de gagner beaucoup en peu de temps & ſans peine : ils ne réuſſirent dans leurs ſolliciations qu'en 1727. Ce fut l'époque du privilége excluſif en faveur des Négocians français.

La peine de galeres & la confiſcation des biens fut prononcée contre ceux qui favoriſeraient l'accès des étrangers ou des marchandiſes étrangeres dans les Colonies (1).

Auſſi-tôt les Armateurs de France abandonnerent toutes les autres branches de Commerce, pour ſe livrer à la navigation des Antilles & à la traite des Noirs, qui, pendant ſoixante ans, ont donné des profits toujours croiſſans, & dont il n'y a point eu d'autre exemple dans les annales du Commerce. Ils ont ainſi retiré tous les profits d'établiſſemens qu'ils n'avaient

____

(1) Lettres patentes de 1727 contre le Commerce étranger.

pas faits, qu'ils étaient hors d'état de faire, & que leur avidité ne ceſſait pas d'épuiſer (1).

Sous ces lois excluſives & barbares, tou-jours enfreintes par les Colons & les Adminiſtra-teurs, toujours vainement réclamées par les Négocians, les Colonies ont éprouvé de grandes détreſſes : elles ſe ſeraient détruites, ſi la hardieſſe des ſujets & l'humanité de ceux qui gouvernaient, n'avaient pas bravé la ri-gueur de ces réglemens injuſtes qui s'anéantiſ-ſaient par leur cruauté même. La navigation a été négligée, & tous les armemens qui exi-gent de l'économie, ont été abandonnés à des Peuples moins favoriſés par la Nature, mais excités par de meilleures lois.

Les Négocians de nos ports n'ont point ceſſé de s'enrichir & d'être remplacés par des hommes nouveaux, qui ſe ſont enrichis à leur tour, tandis qu'il a fallu quatre générations pour former ces grandes ſucreries qui ne ſont pas encore à leur plus haut degré de produit : la Colonie de Saint-Domingue n'eſt pas à la moitié de ſa culture. Ce retard eſt provenu du défaut

____

(1) Il eſt de fait que les Négocians de la Métropole n'ont pas introduit la moitié des Negres qui ont été ap-portés à Saint-Domingue depuis l'établiſſement de cette Colonie.

de Negres, & de la contrainte où les Planteurs ont été pendant foixante ans de jeter une partie confidérable de leurs revenus, que les Négocians de France refufaient d'exporter (1). Ils ne voulaient ni fouffrir que les étrangers en fiffent des enlevemens, ni en donner aucun prix.

On a donc toujours été obligé de fufpendre l'effet de ces lois injuftes & de les modifier. Les guerres, les ouragans, les tremblemens de terre ont néceffité fans ceffe l'admiffion des étrangers dans les Colonies françaifes, dont les Marchands nationaux ne craignaient pas d'occafionner les pertes, fans pouvoir aider à les réparer. Enfin, le Commerce des bois & des falaifons, & l'exportation des melaffes & firops, ont donné lieu en 1768 à l'établiffement de deux entrepôts, l'un au môle Saint-Nicolas pour Saint-Domingue, & l'autre à Sainte-Lucie pour les Ifles du Vent.

Ces deux entrepôts exciterent les réclamations des Négocians de tous les ports du Royaume, qui criaient : *Les Colonies font faites pour nous*, confondant toujours leur intérêt avec celui du Royaume : mais le Gouverne-

---

(1) Les firops & melaffes.

ment, raffuré contre ces clameurs par l'utilité évidente de ces nouvelles mefures, a cru devoir y perfifter. L'augmentation rapide de la culture & du Commerce national ont juftifié fa prévoyance.

L'événement mémorable qui a rendu l'Amérique Septentrionale à elle-même, exige de nouvelles combinaifons politiques. Des peuples nouveaux, fobres, & navigateurs, qui ne font riches qu'en denrées d'utilité premiere, fe trouvant placés entre la France & fes Colonies de l'Amérique, ne tarderaient pas à rompre les barrieres qu'on voudrait leur oppofer. Il vaut mieux accorder aux befoins refpectifs de nos Colons & des Américains du Nord, tout ce qu'on peut céder fans bleffer les intérêts de la Nation, que de caufer, par des prohibitions mal entendues, une contrebande fi générale qu'elle ferait féditieufe.

En affurant à la Métropole tous les produits des Colonies, foit qu'elle puiffe, ou ne puiffe pas fubvenir à leurs befoins, ce ferait occafionne aux Colons des pertes qui ne tarderaient pas à fe faire reffentir dans toute la nation.

Un Arrêt du Confeil d'Etat du 30 Août dernier, qui a fupprimé ces anciens entrepôts du môle & de Ste. Lucie, & en a fubftitué d'autres en plus grand nombre & plus à portée d'être furveillés par l'Adminiftration, permet aux étrangers d'importer dans nos Colonies des bois de charpente & merrains, des falaifons de toute efpece, du riz, des grains, des fruits, & des animaux vivans.

Les Négocians des villes maritimes difent que par cette loi le Commerce eft ruiné, la navigation détruite; que l'admiffion des étrangers dans les Colonies eft contraire aux principes de leur établiffement.

Nous prouverons dans ces Mémoires, que, loin d'avoir à redouter de femblables inconvéniens d'une tolerance devenue néceffaire & dictée par l'expérience, la politique, & l'humanité, il en réfultera les plus grands avantages pour toute la Nation, & qu'on accélérerait le moment de jouir de ces avantages, en ajoutant aux importations déja permifes aux étrangers, celle des Negres de Guinée.

Pour difcuter avec méthode ces objets d'une grande importance pour toute la Nation, examinons d'abord quelles font les lois prohibitives que l'on veut maintenir ou rappeler, & quel en a été l'effet relativement aux Colonies, à la navigation, & aux manufactures du Royaume.

DU COMMERCE
DES COLONIES.

PREMIERE PARTIE.

CHAPITRE PREMIER.

Contre les lois prohibitives appliquées aux Colonies Françaises de l'Amérique.

LE but que l'on se propose en établissant des Colonies, c'est de procurer de nouveaux debouchés aux marchandises superflues de la Métropole, en échange d'autres denrées utiles ou plus faciles à commercer.

Les colonies des Iles de l'Amérique font sortir tous les ans de la Métropole, des marchandises plus précieuses par la main d'œuvre

que par leur matiere, & fourniffent en échange
des denrées qui ont une faveur décidée dans
tous les marchés de l'Europe.

Pour conferver ces deux avantages, falloit-
il foumettre ces Colonies à un commerce ab-
folument exclufif ? Nous nous croyons bien
fondés à dire qu'il ne le falloit pas, parce que,
fi jamais on n'avait fufpendu ou modéré cette
exclufion, la fécondité des terres n'aurait pas
elle-même furmonté les obftacles que le privilége exclufif apportait à la cultivation.

Ces Colonies font entreprifes par des Blancs
& défrichées par des Negres efclaves.

Elles ne produifent que la moindre partie
des chofes néceffaires à la fubfiftance des
Blancs.

Elles ne produifent pas même fuffifamment
de vivres pour les Negres.

Mais elles donnent en abondance des denrées précieufes au Commerce.

La nation a-t-elle un véritable profit à
leur fournir exclufivement tout ce dont elles
ont befoin ? Non : il fuffit de s'affurer du
plus grand debouché des manufactures nationales, & de la recette du produit des Colonies dans la plus grande extenfion poffible.

Il n'eft jamais utile d'enlever à la Métro-

pole, des comeftibles ou autres objets de premiere néceffité, pour les porter dans un autre
hémifphere, tandis qu'on les vendrait auffi
bien en Europe, & qu'on pourrait en trouver
un emploi plus utile dans le fein de la
Nation même par l'augmentation de fes fabriques (1).

Mais s'il était impoffible à la Métropole
de fournir des comeftibles à ces Colonies à
un prix convenable, fi cela était demontré
par l'expérience & par le raifonnement; ne
ferait ce pas aller contre le but de ces établiffement, que de s'y réferver une fourniture
exclufive?

Quand même les lois faites autrefois pour
les colonies à fucre euffent été fondées fur de
meilleurs principes que celui de donner aux
Négocians nationaux des occafions fans bornes de s'enrichir, ces lois auraient depuis
long-temps ceffé d'être applicables. Les greniers de ces Colonies font dans l'Amérique

____

(1) Il ne peut jamais être avantageux à la Nation
de porter à Saint-Domingue des farines ou des grains;
il ne faut y porter que des objets de fabrique. C'eft dans
l'Amérique Septentrionale que font les greniers naturels
de toutes les Iles de l'Archipel occidental.

Septentrionale, les marchés où fe vendent leurs produits, dans toute l'étendue du monde, & la recette générale de ces produits, dans le fein du Royaume.

Les denrées que l'on exporte des Iles Françaifes s'élevent chaque année à cent cinquante millions (1). Les habitations de St. Domingue fourniffent les deux tiers de cette fomme, qui, fe prenant fur les confommateurs de tous les pays, forme en réaction une circulation que l'on ne peut calculer à moins de fix cents millions : cette fomme immenfe fe répartit entre les Ouvriers & Manufacturiers en tout genre, les Prépofés aux Fermes Royales, les Banquiers, Négocians, Navigateurs, les Colons & leurs fubordonnés ; enfin à un peuple innombrable, aux profits duquel les lois exclufives de toute importation étrangere ne tarderaient pas à apporter une diminution confiderable.

Car pour produire il faut cultiver : empêcher les Colons de fe procurer les fournitures dont ils ont befoin au meilleur marché pof-

______

(1) Sans y comprendre le prix des melaffes & firops.

fible, c'eft empêcher la culture & tarir la fource des richeffes.

C'eft du produit qu'il faut s'occuper, & non pas de la fourniture. Que les Colons bâtiffent à peu de frais des magafins & des fucreries, tant mieux; qu'ils nourriffent leurs efclaves mieux & à meilleur marché, tant mieux; qu'ils achetent même des Negres de traite étrangere s'ils y trouvent du bénéfice, tant mieux encore, puifqu'ils ne cultivent que pour la Métropole & felon fes vues, & qu'après que toutes les Nations ont payé, en achetant leurs denrées, le tribut qu'elles devaient à leurs établiffemens, le réfultat en eft verfé dans les ports de la France (1).

Il faut conclure de ces verités, qu'il y a eu de grandes erreurs dans la maniere dont les Colonies des Iles Occidentales de l'Amérique ont été jufqu'à préfent dirigées, & la premiere de toutes a été l'établiffement des lois prohibitives.

On allegue à ce fujet un paffage de Mon-

---

(1) Nous ne croyons pas devoir rappeler ici tous les principes de l'adminiftration des Colonies, ils font connus déformais, & viennent d'être parfaitement réfumés dans un Ouvrage d'un ancien Adminiftrateur.

tefquieu : mais cet Ecrivain célebre, en tra-
çant une idée générale fur les Colonies, n'a
pas entendu qu'il ne dût être fait aucune
attention à l'efpece particuliere des Colonies
à fucre, ni aux révolutions que fubirait le
Nouveau Monde, ni enfin à l'impoffibilité
d'approvifionner exclufivement des hommes
qui vivent à deux mille lieues de la Métropole, & qui ont en abondance dans leur voifinage toutes les chofes dont on les laiffe
manquer. Il dit ailleurs, avec plus de juftesse,
que les Infulaires doivent tirer leur fubfiftance
de l'Univers entier.

Les lois prohibitives étant fi nuifibles à nos
colonies de l'Amérique, que l'unique reffource
était de les enfreindre fans ceffe, les Colons
y ont réfifté pour l'intérêt même de la Métropole, & les Adminiftrateurs ont fermé les
yeux fur des introductions qui ne pouvaient
jamais être ftériles ; enfin les établiffemens
fe feraient anéantis, fi des fecours puiffans
ne leur avaient été fournis par les étrangers
dès leur naiffance & dans les interruptions que
les guerres apportaient à la tyrannie du Commerce national.

L'efprit de faveur & d'exclufion eft oppofé
à tout bon principe de Gouvernement, & quand

la néceffité de prohiber n'eft pas évidemment demontrée, on doit laiffer fubfifter la tolérance & la liberté.

En fait de Commerce, de finances ou de manufactures, ceux qui foutiennent le fyftême de la liberté n'ont point de preuves à fournir, parce que c'eft l'état naturel des chofes; c'eft à ceux qui demandent le monopole ou le privilége, à démontrer que des raifons d'état le rendent indifpenfable; car les priviléges font odieux en eux-mêmes; il eft de la fageffe du Gouvernement de les refteindre toujours, fans jamais les étendre.

Qu'eft-il refulté du Commerce excluſif de nos Iles en faveur des Négocians du Royaume? L'abandon de toute autre efpèce de navigation, l'affaibliffement & la diminution de la race des Matelots. Ce Commerce eft devenu lucratif; mais la culture à été retardée: la fertilité des terres, l'intelligence, l'activité des Cultivateurs, des capitaux tranfportés fur ces terres fécondes, de toutes les parties de l'Europe, ont à peine pu fuffire à balancer les pertes & les préjudices qui réfultaient de ces lois barbares.

Sans ceffe il a fallu les fufpendre pour éviter la ruine des établiffemens. Or rien ne

prouve mieux le vice des lois, que leur inexé-
cution. Quand la raison publique s'éleve cinquante années contre des réglemens, le Gouvernement ferait inexcufable d'y vouloir perfifter.

L'affluence des denrées commerçables qui
viennent de nos Colonies, doit conftituer une
partie effentielle de la richeffe publique , &
il ferait abfurde de la donner en profit & fans
réferve à quelques particuliers qui fe croi-
raient bientôt intéreffés à diminuer la quantité de ces denrées, pour les vendre plus cher;
c'eft le patrimoine national.

Les Compagnies exclufives brûlent ce qu'elles ne peuvent exporter, de même pendant
foixante ans les Planteurs de nos Iles ont été
réduits à jeter dans les pâturages les matières
dont les Négocians de France ne favaient &
ne voulaient tirer aucun parti. L'intérêt du
Royaume & celui du Commerce eft qu'il y ait
beaucoup de denrées commerçables & beaucoup d'hommes employés; l'intérêt particulier
de chaque Négociant eft de diminuer la quantité des objets commerçables, afin de les
vendre plus cher , parce que c'eft toujours la
rareté qui établit le cher prix. Ainfi le Commerce
exclufif nuit également aux Colonies & au
peuple du Royaume.   Tirer

Tirer des étrangers les objets que la Métropole ne peut fournir que difficilement & à un prix exceffif, c'eft augmenter dans la Colonie une profperité toute à l'avantage de la Métropole , puifqu'elle en retire plus de denrées & y trouve un plus grand debouché des ouvrages de fes fabriques.

Les Colonies ne doivent exifter que pour l'utilité générale de la Nation ; mais cette utilité n'eft point la conféquence des lois prohibitives, qui ruinent à la fois les manufactures, le Commerce, la marine, & les Colonies , pour enrichir quelques particuliers, au préjudice du Commerce que ces derniers s'empreffent de quitter.

B

CHAPITRE II.

Du Commerce, de la Navigation & des Matelots, des Négocians & des fabriques.

LE Commerce porte la puissance des Etats au delà de ses bornes premieres (1); & l'utilité des échanges a fait naître la confiance nécessaire que l'on donne aux commerçans ; ils font à la fois les débiteurs & les créditeurs de la Nation ; & lorsque les échanges qu'ils avoient projeté n'ont pu se réaliser avec bénéfice, les lois viennent à leur secours, & leur font indulgentes. Le Cultivateur & l'Ouvrier font en ce cas le sacrifice d'une partie de leurs travaux à l'utilité générale du Commerce, qui en réalise le prix.

Les ouvrages inférieurs, le caprice des consommateurs, & la réciprocité des avantages entre les Nations voisines, auraient rendu ces pertes très-fréquentes, si la puissance publique

____

(1) Les échanges donnent aux hommes & à leurs travaux, des subsistances & un prix que la Nature du sol qu'ils habitent ne sauraient leur promettre.

n'avait pas acquis de nouveaux refforts par la fondation des Colonies.

La bonne adminiftration de ces établiffe-mens confifte à multiplier les denrées colo-niales, pour les revendre à l'étranger, & non pas à borner la fortune publique au plus grand bénéfice d'un petit nombre d'agens. S'il eft demontré que le Commerce de nos Colonies occafionne une circulation annuelle de fix cents millions, il eft également conftant qu'il fournit aux finances du Royaume plus de cent millions de tributs annuels, qui fe payent fans efforts, parce que cette contribution publique eft prélevée fur les bénéfices du travail, & fur les plaifirs du luxe que procure la richeffe. S'il exifte quelque moyen d'éviter le malheur de demander au pauvre une por-tion de fa fubfiftance & de celle de fes en-fans, pour foutenir les charges de l'Etat & les depenfes du Gouvernement, c'eft en augmentant dans les Colonies une opulence qui reflue dans toute la Nation.

La converfion des marchandifes de la Mé-tropole en denrées coloniales n'eft avanta-geufe qu'à proportion de la fuperfluité de ces marchandifes, & de la difficulté qu'il y aurait à les vendre autrement. (1) Il peut donc être utile d'exciter les étrangers à porter dans les Colonies les objets qui font chers en France, & que l'on ne peut en faire fortir qu'avec défavantage.

Les premieres importations de Noirs dans les Colonies Françaifes de l'Amérique avant 1720, ont été faites par les étrangers ; c'eft la Métropole qui en a retiré le fruit.

Les étrangers ont approvifionné fans ceffe ces Colonies de toutes fortes de comeftibles (1), & n'ont reçu en payement que des denrées inutiles à la France ; il en eft réfulté des

---

(1) Par conféquent la converfion ou l'échange des farines, de la morue, des bois, &c., ne peut pas être regardée comme avantageufe à la France, parce que ces objets ont une grande valeur dans le Royaume & s'y vendent facilement. Il n'en eft pas de même des vins, des huiles, & des objets manufacturés, qui fe vendent moins aifément que le fucre, le coton, &c.

(2) « Nos Colonies ont été abandonnées des natio-
» naux pendant les guerres, & ce n'a été qu'à force
» de travaux, d'intelligence & de privations, que les
» Colons font parvenus à maintenir l'exiftence de leurs
» établiffemens ». Inftructions données à un Adminiftrateur fous le miniftere de M. de Choifeuil.

épargnes, des accroiſſemens de culture, des amas de denrées de qualité ſupérieure, dont la Métropole à retiré le prix; & nos Négocians, qui oſent ſe plaindre, ont encore enlevé tous les métaux & toutes les eſpèces numéraires que le Commerce Américain ſans ceſſe renouvelle & fait circuler dans nos Colonies.

Ils parlent toujours de pertes & des ſommes qui leur ſont dues, diſent-ils, dans les Colonies; mais il eſt démontré que toutes les dettes de nos Colonies ne s'élevent pas au tiers d'une année de leur revenu; & la ſucceſſion rapide des raiſons de Commerce de nos Villes maritimes, prouve que beaucoup de nos Marchands ſe retirent ſans ceſſe & portent les ſommes qu'ils enlevent au peuple laborieux, dans ces grandes familles, cette oiſiveté, ces grandes charges, & ces biens honorifiques où tout ſe perd & s'engloutit au milieu des chimeres d'une vanité ſans bornes.

Si malgré les guerres & l'inſuffiſance des fournitures nationales, ſi malgré d'autres obſtacles & des abus ſans nombre, les Colonies ſont parvenues à remplir en partie leur deſtination, par la ſeule fécondité du ſol, aidée de l'intelligence des Planteurs, il eſt aſſez prouvé qu'il eſt indifférent que la culture ſoit miſe en mouvement par les Négocians Français, ou par la concurrence des Français & des étrangers, pourvu que le superflu des fabriques du Royaume continue de s'échanger en d'autres objets plus faciles à commercer.

Il est évident que la Métropole ne peut que gagner par les fournitures de comestibles, de bestiaux, & même de Negres que les étrangers feront dans les Colonies.

Nos Négocians demandent à fournir seuls : mais quels garans donneront-ils de cette fourniture, puisqu'il est une infinité d'objets qu'ils ne pourraient livrer à des prix convenables, & d'autres qu'il leur est impossible de fournir à aucun prix?

En demandant des lois toutes en leur faveur & qu'ils savent éluder dès qu'elles leur deviennent pénibles, qu'ils nous disent du moins quelle raison d'Etat nécessite ces lois. La Nation gagne-t-elle à voir périr dans les voyages de Guinée la moitié des Matelots qui y sont employés (1)? gagne-t-elle sur des

____

(1) On estime la perte des Matelots qui servent à la traite des Noirs, à la moitié pour un voyage de dix-huit mois, & celle des Matelots employés au Commerce des Antilles, à un cinquieme.

fecours de comeftibles que nos pourvoyeurs ne veulent accorder qu'après la difette, pour en doubler le prix ? gagne-t-elle à obliger les Planteurs d'abforber leurs revenus entiers pour nourrir leurs efclaves, à les mettre ainfi dans l'impoffibilité de recruter leurs ateliers, & d'acquitter à ces marchands qui fe plaignent toujours, des engagemens ufurai-res ? Enfin, n'eft il pas ruineux de laiffer perdre les denrées de qualité inférieure, qui fuffiraient à payer les importations étrangeres de comeftibles & de Noirs ?

Ne ferait-il pas plus avantageux à la Métropole d'exciter ces importations & d'en retirer un revenu Royal, dont le produit ferait appliqué à l'encouragement de la navigation & du cabotage ?

Quelle eft la raifon d'Etat qui pourrait déterminer le Gouvernement à facrifier à la cupidité de nos marchands tant d'objets de bien public & d'une fi haute importance ? C'eft, difent-ils, qu'ils font un Commerce de *luxe & non pas d'économie* (1), *que c'eft un vice*

---

(1) « Il nous eft impoffible de foutenir dans nos » armemens la concurrence des étrangers, parce que » les Français font un Commerce de luxe, au lieu que

inhérent à la nature des choses, & que telle est leur maniere d'être.

C'est ainsi qu'ils mettent l'abus à la place du principe. Le vice dont il s'agit n'est point inhérent à la nature des choses, mais à celle des lois prohibitives, trop favorables à la paresse, à l'ignorance, à la cupidité de ceux qui les avaient obtenues ; il est une suite de cet esprit de faveur & d'exclusion, trop facile à s'introduire dans les Monarchies, & qui faisait croire à Montesquieu que les grandes entreprises de Commerce convenoient mal à ces Gouvernemens.

Supprimez le privilége exclusif, le vice ne subsistera plus ; la concurrence des étrangers, en tout ce qui n'est pas contraire à la richesse nationale, donnera l'exemple de l'économie à

» les étrangers font un Commerce d'économie ; que c'est » un vice inhérent à la nature des choses, auquel il est » impossible de porter aucun remede : cela tient à la ri- » chesse du sol de la France, à la variété de ses pro- » ductions, & des jouissances qui en font la suite ; enfin » c'est parce que nous sommes Français, & que telle » est notre maniere d'être ». Voyez Mémoire des Négo- cians au Ministre de la Marine.

Mais si *votre maniere d'être* est mauvaise, il faudrait en changer.

nos Armateurs, & leurs en démontrera la néceſſité.

Plus le ſol eſt abondant en productions variées, moins la main d'œuvre eſt chere. Elle n'eſt nulle part à plus bas prix qu'en France, & tout le tort eſt du côté de nos Armateurs, puiſque, malgré la fertilité de ce Royaume, une partie conſidérable du peuple y endure des privations inconnues aux journaliers d'Angleterre, d'Hollande, & des Etats Unis de l'Amérique. Les ſalaires de ceux-ci ſont mieux payés, & cependant les Armemens & la navigation ſe font à peu de frais & ne ſont point onéreux à l'Agriculture.

Attribuer ce déſordre & ces contradictions entre la richeſſe du ſol de la France & l'induſtrie commerciale de ce Royaume, au caractere des Français, c'eſt une injure gratuite que l'on fait à la Nation : de tels maux politiques ne proviennent que des erreurs du Gouvernement, trop facile à céder aux cris des Négocians ; ils ne proviennent que du Commerce excluſif des Iles de l'Amérique, qui, en donnant trop d'injuſtes profits, à cauſé le delaiſſement de tous les autres Commerces, & à fait négliger l'économie néceſſaire dans les armemens.

Il n'y a point de Commerce qui puisse se soutenir sans économie ; & si les services de nos Négocians étaient trop chers pour qu'il fût possible à la Nation & à ses Colonies de les payer sans s'affaiblir & se détruire , il faudrait recourir au service des étrangers; car pour que la Nation gagne , il suffit que les retours des navires se fassent dans nos ports. Le Monde entier nous fournirait des Matelots : & si l'on employait à de nouvelles découvertes, à faire voyager en temps de paix les escadres royales , & à offrir au respect des Nations les plus reculées , le pavillon Français , qui , pendant la paix , paraît si rarement sur les rivages lointains, toutes les sommes qui proviendraient des tributs que nos voisins payeraient volontiers pour naviguer dans nos ports & dans nos Colonies , nous ne tarderions pas à former des Navigateurs habiles , courageux & robustes, & nous n'aurions jamais à craindre ni la disette des Matelots , ni l'abus des idées mercantiles qui attiédissent leur valeur (1).

____

(1) Cette idée doit paraître digne d'être accueillie du Gouvernement , parce qu'elle est analogue au caractere de la Nation , à la grandeur de la Monarchie , aux besoins de notre Marine , & à la situation

La traite des Noirs, la vente du sucre ont fixé toutes les attentions de nos Marchands; nos Colonies, qui devaient être fécondes au profit de la Nation entière, ne l'ont été que pour eux. » On a mis dans les mains des Mar-» chands français le siphon avec lequel ils tirent » la substance de la Nation elle-même. Colbert » avait voulu leur en donner un autre pour » les étrangers; mais ceux-ci ont bientôt trouvé » les moyens de boucher presque entierement » ce dangereux tuyau. »

Se pourrait-il qu'un Roi qui veille au bonheur de ses peuples tardât long-temps à reconnoître que la cause secrete de la misère de beaucoup d'hommes laborieux, se trouve dans les vices du Commerce national ? Voulant encourager le cabotage & les navigations qui peuvent former les gens de mer, il devenait indispensable de mieux régler le Commerce des Colonies, & de le tourner entierement à

---

des Peuples voisins; que leur situation doit rendre plus commerçans que guerriers, & qui n'ont jamais dû leurs prospérités navales qu'à l'indulgence & aux fautes du regne de Louis XV. *Note d'un Officier général de la Marine de France.*

ſon but, qui n'eſt pas la richeſſe des Négocians, mais celle du Royaume.

En temps de paix, nos Négocians ont ruiné la navigation & tari l'eſpece des Matelots par le Commerce de Guinée & des Iles à ſucre (1). Sans ceſſe la Nation s'épuiſe à fournir à ce Commerce deſtructeur, des hommes qui ſont perdus pour elle.

En temps de guerre, la fourniture excluſive qu'ils réclament fait tomber, dès la première année, un tiers de nos Matelots dans les fers de l'ennemi (2); elle néceſſite des convois qui affaibliſſent notre Marine & occupent les vaiſſeaux qui ne devaient ſervir qu'à des combats; elle emploie encore des navires dont

---

(1) La moitié des Matelots envoyés en Guinées meurt pendant le voyage : un quart de ceux qui vont à St. Domingue y périt ou déſerte.

(2) Dira-t-on que cette perte eſt compenſée par le profit que fait un Marchand de Bordeaux à vendre aux Colons, en temps de guerre, un barril de farine cent écus, & 66 livres une paire de ſouliers, & à prendre en payement du ſucre à 10 livres le quintal; en ſorte que l'on a vu dans la guerre de 1756, à Léogane, 13 boucauds de ſucre ne pas ſuffire à payer un compte de fournitures qui n'avaient pas coûté en France plus de 50 écus.

l'Etat a befoin pour tranfporter les munitions
& les armes néceffaires aux forces de terre &
de mer. On a vu, dans la dernière guerre, la
cupidité, les clameurs, & la réfiftance même
de nos Armateurs retarder une campagne dé-
cifive, & prendre place entre les caufes dé-
plorables d'un revers inouï.

Nos Négocians ne fe font pas bornés à
détruire la navigation & tout commerce d'éco-
mie ; ce font eux qui, par leur privilége exclufif
d'acheter à bon marché & de vendre cher, ont
fait tomber les bonnes fabriques. Affurés du
débit, ils ont ceffé de s'attacher à la qualité
des ouvrages, & ont donné la préférence à
des marchandifes de bas aloi, qu'ils achetaient
au rabais. N'ayant point de concurrens, il ne
leur était pas difficile de vendre ces marchandifes de rebut au même prix que les meilleures,
fubftituant l'apparence à la folidité.

Mais c'eft encore un de leurs moindres crimes
envers les Ouvriers nationaux : car il ne faut
pas croire qu'ils n'aient porté dans nos Colonies que des marchandifes françaifes ; toutes
celles qui donnaient plus d'efpoir de bénéfice
ont été préférées, les toiles de Saxe, de
Siléfie, celles de l'Irlande & de la Flandre,
les Indiennes fuiffes & les toiles peintes en

Angleterre, les marchandises des Compagnies étrangères des Indes Orientales, ont été introduites par eux chaque année dans les Colonies françaises. Telles sont les causes qui ont fait déserter les ateliers du Royaume & ont empêché nos fabriques de lin & de coton de parvenir à la perfection qu'elles pouvaient acquérir & qui les auraient mises, avec le temps, en état de soutenir la concurrence des toiles étrangères.

Toutes les fois que la loi prohibitive leur est avantageuse, ils la font valoir ; si elle leur devient contraire, ils l'enfreignent ; & c'est ici que nous avons droit de leur reprocher que, sachant le besoin que nos Colonies ont de Negres, & que l'importation d'un Negre sur une terre rivale est égale pour nous à la perte de deux, ils en ont porté plus de dix mille dans les Colonies espagnoles, dont le Gouvernement s'instruit à nos dépens & semble se prévaloir de notre paresse.

Est-ce donc par le désir de ces hommes qui n'ont point de patrie que le Gouvernement doit se laisser conduire ? N'est-ce pas ainsi que la Nation voit périr ses Matelots, détruire ses manufactures, les habitations manquer de Negres, & les Negres d'alimens ? Le Commerce

exclufif deffeche tout, & dévore à leur naiffance tous les germes de profpérité ; & lorfque
le Gouvernement vient enfin à s'éclairer,
lorfque, pour la première fois peut-être, fes
lumieres femblent devancer celles des particuliers, tous les intéreffés à la durée de l'abus
font retentir leurs clameurs jufqu'au Trône du
Souverain, ils ofent lui demander hautement
le privilége de fe repaître toujours & fans me-
furé de la fubftance de fes peuples.

SECONDE PARTIE.

CHAPITRE PREMIER.

Du Commerce par les étrangers dans les Iles Françaises de l'Amérique. Motifs de l'Arrêt du Conseil d'Etat du 30 Août 1784, qui accorde dans ces Colonies plusieurs entrepôts aux navires étrangers.

LORSQUE les denrées des Colonies ne servaient qu'à la consommation de la Métropole & que l'on était obligé d'y porter des farines & autres objets de premiere nécessité, pour nourrir les Colons, il pouvait paraître dangereux de permettre aux étrangers d'y aborder, parce que la Nation faisant le sacrifice d'une quantité d'objets de premiere nécessité, résultans de son Agriculture, pour se procurer des superfluités, on devait craindre de voir ces superfluités, pour lesquelles on faisait des dépenses réelles, se perdre dans des écoulemens interlopes, & d'être ensuite obligé de les racheter cherement de l'étranger.

Cependant il est de fait constant que la faiblesse de notre Marine, l'indolence de nos

Marchands,

Marchands, le découragement occafionné par
le monopole de la Compagnie des Indes
Occidentales, les guerres, & une infinité d'autres caufes laiffaient à cette premiere époque
le Commerce de nos Colonies de l'Amérique
prefque tout entier entre les mains des étrangers, & que les Armateurs français ne s'y
adonnaient que par intervalles & concurrem-
ment avec eux.

Le Commerce des Antilles avait alors en
France des partifans & des contradicteurs ;
on trouve dans les Mémoires du temps :

« Que gagnons - nous dans le Commerce
» des Antilles ? Nous y portons nos farines,
» nos vins, & ce que nous avons de plus
» précieux ; nous courons les rifques des nau-
» frages, nous bravons un climat ennemi, &
» les influences d'un ciel qui brûle & qui dé-
» vore ; nous y perdons des Matelots ; & tout
» cela pour un peu de fucre & de café que
» nous acheterions auffi bien des étrangers.
» Quand même il nous en coûterait un peu
» plus cher, ce ne ferait rien en comparaifon
» des pertes & des embarras que l'on éviterait ».

D'autres difaient : « Pourquoi porter en
» Amérique nos bleds & nos marchandifes,
» qui font utiles dans le Royaume, pour avoir

» du fucre & d'autres chofes dont on peut fe
» paffer ? Nos Colonies reffemblent à ces mai-
» fons de campagne qui tôt ou tard rui-
» nent le propriétaire. « Enfin on a porté l'inad-
vertance jufqu'à demander dans le Confeil de
nos Rois à quoi fervaient les Colonies.

Avec de telles idées le Commerce exclufif
de ces Colonies devait être accordé, fans
contradiction, à ceux qui offriraient de s'en
charger. *Tirons des Colonies ce que nous pourrons,
difait un Adminiftrateur, avant d'être obligé
peut-être de les abandonner.*

Mais ces Colonies ayant triomphé de toutes
ces entraves, il a fallu s'éclairer. Ce n'a été
que lentement : on a permis aux Marchands
de faifir les Negres de jardin, pour fe payer
de ce qui leur était dû, avant de reconnoître
que, pour faire fleurir le Commerce, il faut
que les Colonies foient bien cultivées, & que
pour qu'elles foient bien cultivées, il y faut
beaucoup de Negres.

Il a fallu que des garnifons fuffent privées
de vivres en temps de guerre, & qu'il fût
impoffible de leur en envoyer de la Métropole,
avant que le Gouvernement s'apperçût que
l'on pouvait décharger notre Agriculture du
fardeau de nourrir entierement nos Colonies,

en tolérant à propos les importations étrangeres. Mais combien n'a-t-il pas fallu de
preuves & d'écrits avant que l'on ait reconnu
qu'il n'était pas à propos que le Commerce
gagnât beaucoup fur les Colons, parce que,
gagner fur eux, c'eft affaiblir les moyens de
cultiver, & que ce n'eft que du produit de
la culture que la Nation & le Commerce peuvent retirer de grands profits ?

Nous fommes maintenant arrivés à une heu-
reufe époque, où le Gouvernement eft inftruit
de ces vérités.

Dans l'adminiftration des Colonies, on ne
peut admettre que deux principes.

Vendre dans les Colonies les marchandifes
qui, dans la Métropole, ne trouveroient point
d'acheteurs.

Prendre en échange des denrées plus faciles
à commercer.

Les farines, le bœuf & les viandes falées,
la morue & autres poiffons falés, les grains,
le riz, les fuifs, la cire, les cuirs, les bois
de toute efpèce, les chanvres & cordages
trouvent beaucoup d'acheteurs en France :
tous ces objets y font très-chers & très-re-
cherchés, il n'eft point avantageux de les

porter dans les Colonies des Ifles occidentales.

La Métropole perdrait à être privée de
toutes ces chofes, dont le manque ou le ren-
chériffement pourrait être fatal à fes manufactures ; il faudrait les vendre trop cher aux
Colons, qui, y employant une trop grande
partie de leurs revenus, ne pourraient augmenter leur culture.

Cependant toutes ces provifions font de
premiere néceffité dans les Colonies ; il en eft
même que l'on ne faurait trop multiplier. Ce
font les grains & les falaifons pour la nourriture des Negres. Il y a trois cent mille
Negres à Saint-Domingue ; & la viciffitude
des féchereffes & des pluies, un dérangement
de faifons que tout le monde apperçoit, &
dont on ne peut donner de raifon, ne permettent
pas de leur faire trouver une nourriture fuffi-
fante & affurée dans les fruits & les racines
que le pays produit.

Les ateliers ont befoin d'être augmentés,
puifque la culture eft encore bien éloignée
d'arriver à fon terme ; & fi l'on augmente
ces ateliers par de nouvelles importations

de Noirs, il faudra de nouvelles importations de vivres.

Mais fi dans le voifinage de ces Colonies privées de comeftibles, & qui ne peuvent les tirer de la France fans diminuer les avantages que ce Royaume retire de leur établiffement, il fe trouvait des peuples nouveaux poffeffeurs de grands produits agricoles & capables d'importer à peu de frais dans tous les Ports de nos Iles les objets dont elles manquent, ne dirait-on pas que la nature les a placés là pour cette efpèce de fervice, & que cette Providence qui raffemble les peuples & fournit à leurs befoins par les liens du Commerce, les a prédeftinés pour alimenter des Iles où le bled ne vient point, & ne ferait cultivé qu'au détriment de beaucoup de denrées précieufes?

Si ces peuples n'avaient point de manufactures, ne dirait-on pas qu'il ferait du plus grand intérêt pour la France de commercer avec eux, non feulement d'une manière directe, mais encore à l'aide de fes Colonies, qui lui rapporteront annuellement le montant de l'épargne qu'elles auront faite fur l'acquifition de leurs comeftibles & de leurs bois à bâtir?

Car cette épargne fera mife en culture,

dont le produit en fucre, indigo, café &
coton, fera vendu par les François ou à leur
profit dans tous les marchés de l'Europe.

Et fi ces nouveaux fournifleurs prenaient
en échange de leurs bois & de leurs comeftibles des denrées qui ne conviennent point
aux Négocians de la Métropole, n'admireroit-
on pas les opérations de cette Providence,
qui ne veut pas que rien demeure perdu dans
la nature, & fait confommer dans le nord de
l'Amérique, ces firops & ces eaux-de-vie de
fucre qui appartiennent aux Français, mais
dont leurs bons vins les difpenfent de faire
ufage?

Ainfi les fubfiftances de premiere néceffité
n'étant plus détournées en France de leur véritable objet, nos manufactures ne tarderont
pas à refleurir, & les payfans du Limoufin
& du Quercy redeviendront robuftes en man-
geant eux-mêmes les grains que l'avidité des
Marchands portait à Saint-Domingue. La
France vendra avec bénéfice à fes Colonies
les marchandifes dont la main-d'œuvre eft
plus chere que la matière, & tous les peuples
acheteront d'elle les denrées de fes Colonies,
qui ne coûteront à la Nation qu'une augmentation de travaux, & feront par conféquent

une fource intariffable de profpérités dans tout le Royaume. Ainfi l'Amérique Septentrionale vendra fes comeftibles & fes grains, & les Colons leurs firops, leurs eaux - de - vie, & autres matieres inférieures, fans que les vignes & les diftilleries de la France en reçoivent aucun préjudice; il en réfultera enfin une activité, une circulation, & des échanges multipliés de bonheur & de travaux entre la France, fes Colonies, & fes Alliés (1).

____

(1) Il eft facile de préfenter l'apperçu de ces avantages.

On fabrique à Saint-Domingue pour cent millions de denrées commerçables ; ce qui fuppofe au moins quinze millions en firops ou denrées de rebut, dont les Américains fe contentent pour prix de leurs bois & de leurs comeftibles. Il y a plus de moitié de différence entre le prix de ces comeftibles & celui des mêmes objets que la France peut fournir. Deux quintaux de farine, achetés des Américains, ne coûtent que 25 à 30 livres : on aura donc pour 15 millions ce qui en coûterait 30 par les importations françaifes.

Prix des firops & denrées inférieures, quinze millions, ci. . . . . 15,000,000 liv.

Economie, fur l'acquifition des comeftibles, ... 15,000,000

Diminution fur la mortalité des Ne-

Quels jours plus heureux pouvait-on promettre à la vertu du Roi, lorſqu'il a couvert de ſa protection puiſſante les Américains du Nord, opprimés par des Maîtres ſuperbes, qui abuſaient de l'empire qu'ils avaient uſurpé ſur les mers ?

gres, par la meilleure qualité & la plus grande quantité des vivres, un cinquieme. Or il meurt chaque année un vingtieme de la totalité des Negres de Saint-Domingue, déduction faite des naiſſances; ce qui fait quinze mille Negres, dont le cinquieme eſt trois mille Negres à quinze cents livres, ci, ... 4,500,000.

34,500,000.

Cette ſomme, employée annuellement en nouvelles acquiſitions de Noirs, en donnera vingt-trois mille, dont le travail, évalué à 300 l. par tête, donnera . . . . 6,900,000.

41,400,000.

Voilà donc un profit évident de quarante-un millions quatre cent mille livres par an, ſans dépenſes ni frais.

Et il en réſultera, dans les cultures & les échanges, une progreſſion que l'on ne peut apprécier.

Il n'en fera pas des avantages de ce Commerce comme des ventes de denrées coloniales faites par nos Négocians , dont le prix n'eft pas toujours appliqué , à beaucoup près , à l'augmentation de la culture : le propriétaire de ces denrées en donne fouvent une partie en payement d'objets frivoles ; il ferait même dangereux que cela ne fût pas , parce qu'il faut faire vivre le pauvre , qui n'a pour patrimoine que la vanité des riches ; fouvent une autre partie fe perd dans des voyages de plaifir & dans le luxe de la Capitale ; fouvent auffi va-t-elle s'engloutir dans les mers ou dans les faillites des Marchands. Mais les avantages que les Colons retireront du Commerce qu'ils feront avec les Américains feptentrionaux , feront tous appliqués à la culture ; les melaffes & firops ne peuvent fe vendre qu'aux Américains ; ceux-ci ne peuvent les payer qu'avec des bois & des comeftibles , & les bois & comeftibles ne peuvent être employés qu'en nature fur les habitations.

Deux autres confidérations ajoutent à l'utilité de ce Commerce américain : 1°. un quart des équipages des navires français périt ou déferte à Saint-Domingue , & il n'eft pas douteux que la mauvaife qualité des vivres de ces équipages a toujours contribué à cette perte de Matelots ; nos Armateurs pourront déformais renouveler à peu de frais la meilleure partie de leurs provifions ; 2°. les Américains pourront prendre en échange des vins, des étoffes, des objets de manufacture. L'occafion d'un Commerce fait naître d'autres occafions ; la fréquentation amene entre les peuples, des habitudes réciproques ; il pourra donc fe vendre à Saint-Domingue un plus grand nombre de cargaifons françaifes.

Les Américains prendront à Saint-Domingue, comme ils ont déjà fait, des chargemens entiers d'objets qui fans eux ne trouveraient point d'acheteurs, & ils donneront aux ports de cette Colonie la préférence fur tous les autres marchés qu'on pourrait leur ouvrir, à caufe de la facilité qu'ils auront de payer avec des denrées abondantes dans leur pays & rares dans les Antilles. (1)

---

(1) J'ai fait à Newprovidence, difait un Américain, l'expédition d'un bateau qui m'a coûté mille dollars ; j'y ai mis pour fix cents dollars en bois, grains, falaifons, bétail, chanvres, réfines & goudrons ; j'ai vendu tout au Cap à un Négociant de Bordeaux qui y eft établi, en échange d'un refte de

Ils acheteront des Anglais les fournitures de l'hiver, les gros draps & lainages ; & des Français les habits de l'été. Peut-être porteront-ils à nos Colons de la biere, des cuirs,

---

cargaifon de France, dont la vente languiffait. Il m'a fait bon marché, parce que j'abrégeais le féjour & les frais de fon navire dans la Colonie. Je lui ai vendu à bon compte par la même raifon, & parce que les denrées que je lui livrais coûtaient moins à la Nouvelle Angleterre, que les cargaifon qu'on eft obligé de porter à Bordeaux pour y faire les mêmes emplettes. J'ai doublé mes fonds dans ce voyage : les Armateurs Français y ont auffi trouvé leur avantage, & y ont ajouté à leur bénéfice celui de la revente qu'ils ont faite aux habitans, des marchandifes qu'ils ont acherées de moi, & fur le détail defquelles ils ont gagné plus de quinze pour cent. La France pourrait, au moyen de fes Colonies & en profitant de nos fervices pendant qu'ils font encore à bon marché, doubler rapidement fes entreprifes de Commerce.

Cet homme avait raifon ; il y aurait une fort mauvaife politique à ne pas profiter des fervices des Américains, pendant qu'ils font, comme il le difait très-bien, *encore à bon marché.* Quand ces fervices deviendront chers, quand il y aura une réciprocité d'avantages entre les Américains & nous, alors on pourra les répudier : mais à préfent que tous les avantages font de notre côté, il y aurait bien de la mal-adreffe à ne pas les faifir.

de la coutellerie d'Angleterre ; mais, à coup sûr, ils acheteront de nos Marchands les vins, les denrées du levant, & celles de Provence & d'Italie.

Leurs ports étant ouverts à toutes les Nations, ils nous apporteront tout ce qu'ils auront à bon marché ; mais ils prendront en échange ce qu'ils ne peuvent obtenir que de nous.

Or, si l'on considere la situation maritime de la France, ses productions, & celles des nations voisines, l'ancienne splendeur de nos Manufactures, celle qu'on peut leur redonner, & enfin la multitude de nos avantages territoriaux, on sera forcé de convenir que si, dans une foire générale des quatre parties Monde, tout le succès ne nous demeure pas, ce sera la faute de nos agens.

Mais à tous ces motifs qui ont donné lieu à l'Arrêt du Conseil d'Etat du 30 août dernier, il s'en joint un encore plus digne d'être remarqué ; la nécessité, plus puissante que les lois. Il ne faut pas se persuader que les Américains auront été placés par la Nature entre la France & les Antilles, & qu'ils ne feront aucun Commerce dans nos Iles : hardis navigateurs, si on leur refuse l'accès des grands ports, il abor-

deront la nuit dans toutes les anfes, dans les trous
de rochers, & y feront des débarquemens dangereux ; ils enleveront les denrées précieufes
que l'on doit réferver au Commerce national :
rien ne pourra les empêcher de faire ces enlevemens interlopes ; car il eft impoffible de
garder dans tous les points une côte de cent
cinquante lieues ; abordable par-tout, on ne
peut pas l'enceindre de barrières.

Les Colons leur prêteraient affiftance ; &
plus la prohibition ferait févere, plus ils auraient d'intérêt à la braver ; car la prohibition
fait naître. *le cher prix*, & le cher prix eft
l'attrait de la contrebande.

Or, fi le nombre des délinquans eft plus
grand que celui des obfervateurs de la loi prohibitive, cette loi n'eft rien que le plus ridicule
& le plus méprifable des abus.

Le feul moyen de régler le Commerce des
Américains avec nos Colonies, c'eft de le
rendre public, c'eft de permettre à leurs navires d'aborder dans les plus grands ports ; ils
y feront furveillés : donnons-leur promptement
un bénéfice légitime, de peur qu'ils ne foient
tentés de s'en attribuer d'autres plus dangereux. •

Hâtons-nous, pendant qu'il en eft temps

encore, ne leur laissons point de prétexte de se souftraire au joug modéré qu'il est nécessaire de leur impofer.

L'Arrêt du 30 août était un réglement indispenfable, il est falutaire dans toutes fes parties, & fi l'on pouvait y trouver quelque chofe à redire, ce ferait une forte de refpect pour de vieux préjugés qui font autant d'abus. Croit-on que les Colons payeront quarante francs un quintal de mauvaife farine de Nantes, tandis qu'ils pourraient avoir à quinze francs la fine fleur de Philadelphie? L'attrait d'une telle contrebande est trop grand pour que l'on y puiffe réfifter.

Il est bien vraifemblable aussi que les Américains ne viendront pas acheter à Bordeaux le fucre, le café & l'indigo néceffaires pour leur confommation. N'aurait-il pas été à propos de prendre cet objet en confidération, & de fixer, par exemple, les qualités & la quantité des denrées qu'ils pourraient exporter (1), afin de réferver les qualités fupérieures

____

(1) On pourrait permettre à chaque navire au-deffus de 150 tonneaux, d'exporter cinquante boucauds de fucre de la feconde qualité, à la charge d'un droit qui ne pourrait être moindre de fix pour cent, & de même à proportion de la grandeur des navires.

au Commerce national, & d'impoſer ſur ces exportations limitées un droit ſuffiſant pour qu'ils ne puſſent pas, en cas de revente, ſoutenir la concurrence de nationaux.

Il eſt une derniere eſpèce de Commerce qu'il ſerait enfin indiſpenſable de leur permettre ; c'eſt la *traite des Noirs*. A ce mot, nous devons nous attendre à de nouveaux cris de ralliement de la part de nos Négocians ; mais ſans nous arrêter à leurs diſcours, tâchons de démontrer que la traite de Noirs par les Français n'eſt qu'un impôt ſur la Nation, dont les Colonies ſont le prétexte, & dont il ferait facile & avantageux au Royaume de ſe voir délivré.

CHAPITRE II,

De la traite des Noirs.

LES Colonies des Îles Occidentales de l'Amérique font cultivées par des Negres; leur nombre eft la mefure des travaux , & leur travail eft celle des produits,

Plus il y aura de Negres , plus il y aura de terreins cultivés. Les Colonies Anglaifes ne font pas auffi fertiles que les nôtres , mais des ateliers nombreux leur font produire de grands revenus.

De tous les Marchands de Negres , les plus habiles font les Anglais : ils les achetent à bon marché , fe les procurent en peu de temps , & les vendent à proportion de cette diminution de frais. Un Negre brut, qui fe vend deux mille livres à Saint-Domingue par les Traiteurs français , ne vaut que la moitié de ce prix à la Jamaïque.

Les Anglais ne font pas la traite des Noirs dans les mêmes lieux ni de la même maniere que les Français ; ils n'emploient pas à ce

Commerce

Commerce les mêmes marchandifes ni les mêmes valeurs que nous.

Eft-il avantageux au Commerce de la Métropole de vendre les Negres aux Colons à des prix exorbitans ? Non ; car fi la même fomme qui paye dix Negres pouvait en payer vingt, l'augmentation de la culture ferait double, & l'augmentation des produits fuivrait dans la même proportion.

Eft-il avantageux à la Nation que les Negres foient importés à Saint-Domingue par des Français ? Non ; car ce n'eft pas le bénéfice de la vente qu'il faut confidérer, mais le produit du travail des Negres vendus. Peu importe qu'un Negre vienne de la Côte d'Or ou des bords du Niger ; qu'un Juif d'Angleterre ou de France l'ait acheté du brigand qui, fous le nom de guerrier ou de Roi, l'avait réduit en captivité, pourvu qu'au bout de l'année il ait produit la fomme de travail qu'on devait en attendre.

Cependant nos Négocians ne veulent pas céder à ces raifons. Le privilége de vendre des Negres de Guinée à Saint-Domingue eft-il donc fi précieux, que, pour le conferver, on doive faire des efforts ? Ils aiment mieux que les Colonies ne foient pas cultivées, que de

D

n'être pas feuls à y fournir des Negres ; plus il en meurt, plus on en manque, plus ils fe réjouiffent, parce qu'ils les vendent d'autant plus cher, & ils ne peuvent les vendre cher que par la févérité du privilége exclufif ; car ils abondent dans les Colonies Anglaifes, & y font à bon marché (1).

Mais eft-il de l'intérêt national, eft-il même convenable dans un fiecle éclairé de leur accorder exclufivement ce Commerce ? Eft-ce le genre de négoce dont les Français doivent fe montrer jaloux, foit à caufe de fes opérations, foit à caufe de fes produits ?

C'eft un Commerce deftructeur & vicieux, & qui, s'il n'était pas dangereux & contraire à la profpérité publique ferait au moins effrayant pour les mœurs ?

Quand on voit les Negres fur les grandes habitations de Saint-Domingue, ayant chacun leur jardin qu'ils cultivent à leur profit, leurs

______

(1) Nos Marchands ont porté fucceffivement le prix des Noirs de mille livres payables en trois ans, à 15,00 livres payables en dix-huit mois, & de 15,00 livres à 2,000 livres, dont un tiers comptant, le refte dans l'année : enfin ils ne veulent plus en vendre qu'à 2,400 livres, & ne font que fix mois de crédit.

poules, leur bétail, un habit de toile fine pour les jours de fête ou de repos, se livrer, après le travail, au plaisir d'être ensemble, danser ou causer de leurs amours ; l'esclavage ne paraît plus une injustice. Si l'on ôte à l'esclave l'indépendance & la propriété, il perd en même temps la prévoyance & les soucis qui tourmentent la vie. Il y a tant d'hommes qui n'ont pas le courage de s'appartenir & l'esprit de se conduire, que la plupart seraient heureux d'avoir un maître riche, chargé de prévoir leurs besoins physiques, & qui eût un intérêt personnel à leur conservation. Les Negres des Colonies sont moins malheureux que les Journaliers de l'Europe ; qui, n'ayant rien & ne pouvant compter sur rien, n'existent que pour craindre & souffrir. Mais quand on considère de quelles iniquités les Noirs ont été les victimes avant de passer à cet état de travail, d'insouciance & de tranquillité, l'esprit se révolte & le cœur se resserre ; un mouvement d'horreur s'empare de toutes les facultés de l'homme à qui l'avarice n'a pas fait perdre tout *sentiment de compassion* (1).

____

(1) Mille despotes faibles & inconnus se partagent la côte d'Afrique. Les combats & quelques traditions

Quand on fe rend à bord des navires de
nos Marchands de Negres, c'eſt là que l'on

---

fondent leur fouveraineté. L'adulation de nos marchands
de Negres leur donne le nom de Rois, les Anglais les
appellént Chefs. Les diffentions que les Européens fuf-
citent fans ceſſe entre ces Chefs, cauſent les guerres,
les guerres, l'efclavage ; l'efclavage, la traite ; la traite, la
dépopulation.

Elle eſt telle à préfent, que les rivages font déferts,
& qu'il faut aller chercher des efclaves jufqu'à deux cents
lieues dans l'intérieur des terres. Dans les plus grandes
& les moins barbares de ces miférables hordes que nous
appelons Royaumes, les lois ne font que l'avarice du
Prince, & fes richeſſes la vente des réfractaires. Tout
délit & toute faute eſt un prétexte de confifquer & de
vendre le délinquant, & le Souverain étant tout à la
fois le Juge & le vendeur, on ne doit pas s'étonner de
fa répugnance à trouver des innocens.

Les artifices que les Capitaines de nos navires de
Guinée fe permettent pour faciliter la traite & multiplier au profit des Rois Negres les prétextes de faire
des efclaves pour les vendre, font infinis, & le récit
en ferait trop pénible & trop humiliant. En un mot,
quand un grand navire eſt ancré fur la côte d'un de
ces petits Royaumes, les maſſacres, les guerres, les
rapts, & les confifcations ne donnent point de relâche
aux malheureux jufqu'au moment de fon départ.

On arrache la fille des bras de fa mere, qui avale
fa langue & s'étrangle de défefpoir ; les fils ne peu-

reconnaît les traits de l'esclavage & son igno-
minie. Réduits à la condition des animaux,

---

vent plus secourir la vieillesse de leur pere ; celle qui
se croyait au jour de son mariage, est séparée de son
amant. Le premier coup de canon, dont le bruit se
prolonge & se répete en frappant les rochers du ri-
vage, semble être un ordre funebre qui ne laisse de
pouvoir aux sentimens de la Nature, que pour accroître
les supplices des infortunés : les convulsions du désespoir
qui les saisit, ne peuvent émouvoir les acheteurs féroces
qui les chargent de fers & les entassent les uns sur les
autres dans la cale de leurs navires. C'est là que l'on
entend les pleurs & les sanglots ; c'est le séjour infect
& ténébreux de la douleur amere, où l'homme n'a pas
besoin de parler pour faire comprendre quel est l'abîme
de son malheur.

La contagion & la mort n'y donnent point de treve,
& le sommeil n'y peut entrer. La garde y est aussi vigi-
lante que le désespoir est affreux ; des hommes farouches,
armés de chaînes & de fouets, y réalisent ce que la
fable nous raconte de l'activité des Furies : mais enfin
quelquefois le Ciel est juste, & la Nature venge son ou-
trage. Les cruels, que l'appât de l'or entraîne à choisir
pour métier la pratique infame d'acheter, d'emprisonner,
& revendre des hommes, sont immolés à la haîne qu'ils
inspirent, ou plutôt à l'équité terrible.

Le métier des brigands a-t-il rien de plus affreux &
peut-il jamais finir d'une maniere plus sinistre ? Et voilà
la mesure de crimes que nous voulons disputer à des

D iij

Il ne leur reste pas même la derniere prérogative de l'homme, celle de parler & de communiquer leurs sentimens : étrangers à leurs tyrans & au pays où on les conduit, étrangers les uns aux autres & tirés à la ronde des cantons où l'on parle des idiomes différens, ils ne peuvent s'expliquer que par signes ; l'ignorance de leur sort ajoute à leur infortune ; la plupart croient qu'on va les égorger, & le plaisir que leur cause la vue des autres Negres de nos Colonies, joyeux & bien vêtus, doit donner une idée de toutes les angoisses dont ils ne font que sortir.

Laissons donc aux étrangers, laissons à nos ennemis politiques ce que ce Commerce peut avoir de lucratif, afin qu'ils se chargent aussi de ce qu'il a de détestable & de vil. (1)

---

marchands étrangers ! Ah ! plutôt rejetons sur eux cet odieux Commerce, & n'achetons des esclaves que pour adoucir leur malheur. Le Musulman qui achete un forçat pour bêcher ses jardins, n'est pas odieux s'il le traite avec humanité ; mais le Pirate qui l'enchaîne & le vend, est un mortel abominable.

(1) Il y a des hommes que ces considérations ne peuvent toucher ; & lorsque M. Turgot, Ministre & Contrôleur général des Finances, ne voulut pas laisser porter son nom à un navire de Nantes destiné à ce

Mais des hommes aux yeux defquels le gain ennoblit tout, ne font pas jaloux de rejeter fur autrui ce que ce négoce, malheureufement néceffaire, peut avoir de honteux ; l'houneur eft le premier des facrifices qu'ils font à la cupidité ; & toutes les fois qu'il s'agit de leur intérêt perfonnel, la bienféance n'eft pas plus ménagée que l'intérêt du Commerce ou celui de l'Etat (1).

Commerce, l'Armateur aima mieux en changer le nom que la deftination.

(1) Comment pourroit-on excufer les fraudes dont nós Négocians font faire l'apprentiffage à leurs agens dans le Commerce de Guinée ? Avant de mettre les Negres en vente, plufieurs Chirurgiens s'occupent à ré-percuter les fymptômes de toute nature qui pourroient at-tefter à l'acheteur les maladies de leur fang. Après un déjeûné où l'avarice prodigue les liqueurs fortes & les mets qui peuvent exciter à boire un vin choifi pour enivrer, on conduit les acheteurs dans une partie du navire où l'on a porté l'obfcurité, fous le prétexte d'oppofer des obftacles à la chaleur du jour. Les Ne-gres, rafés dans toutes les parties de leur corps, afin de les rajeunir, font frottés d'une huile noire, qui rend les plus malades femblables à ceux qui jouiffent d'une fanté robufte ; ils vont mourir fur les habitations, victimes de ces maux que l'on avoit cachés.

D iv.

La traite des Noirs eſt onéreuſe à la France, elle emploie des marchandiſes de prix, tandis que nos rivaux dans ce négoce le font avec des choſes de peu de valeur ; ils ont des matières qu'il nous eſt difficile de nous procurer ; leurs comptoirs & leurs établiſſemens ſur la côte leur facilitent des moyens d'économie.

La valeur des cargaiſons françaiſes pour la côte de Guinée, & l'argent qu'elles font ſortir du Royaume, ne font pas les plus grands inconvéniens de ce négoce ; la perte de beaucoup de Matelots mérite l'attention du Gouvernement.

Nos Négocians arment de grands navires pour la traite des Noirs ; les étrangers n'y emploient que de petits bâtimens : le ſéjour des navires ſur la côte eſt proportionné à leur grandeur, & la mortalité eſt une ſuite de la durée de la traite.

Dix mille Noirs que les Français importent dans nos Colonies de l'Amérique avec beaucoup de peine pendant chaque année de paix, ne donnent à répartir entre les Armateurs qu'un bénéfice d'environ deux millions. Cette ſomme étant égale au cinquieme du capital employé à ces armemens, ſemble être un bénéfice exceſſif ; mais elle n'eſt que la com-

penfation d'une infinité de périls ; & en fup-
pofant que la concurrence étrangere dût leur
enlever ce profit, ne le retrouverait-on pas
dans l'éparge que les Colons feraient fur
leurs acquifitions de Negres ; épargnes qui
les mettraient en état d'en acheter un plus
grand nombre, & par conféquent de donner
au Commerce plus de denrées à exporter. On
ferait difpenfé de toute mife dehors, & des
rifques de la navigation, & de la perte de
beaucoup de Matelots (1).

---

(1) En évaluant la perte que nos Négocians trouveroient à ne plus faire le Commerce de Guinée, à deux
millions par année de paix, il convient de voir ce que
la Nation gagnerait à abandonner ce Commerce aux
Armateurs étrangers.

  La traite occupe 4,500 Matelots, dont
la moitié périt en Guinée ou dans les
Iles ; économie de Matelots, ci, . . 2,750 homi

  Les Colons fe procureraient les mêmes
Negres à un tiers de moins, ci, . . 3,330,000 liv.

  Intérêts de cette fomme, épargnés &
employés à la culture à 8 pour 100,
ci, ... 264,000

  Intérêts de dix millions que les Négocians employeraient à d'autres Commerces
à 9 pour 100 pour dix-huit mois que
durent les voyages des Français en Gui-

Est-il nécessaire d'enrichir dans un feul voyage les Capitaines qui vont en Guinée ? Est-il indifpenfable de rendre ce voyage fi coûteux, que ni les Colons ni la Nation n'en puiffent fupporter les frais ?

Les Colons en voulant acheter les Negres de Guinée au meilleur marché poffible, ne défirent rien de contraire aux intérêts de la Nation ; ce qu'ils demandent eft conforme aux vues du Gouvernement. Ils ne veulent que les moyens de cultiver plus de terres, d'où il réfultera un plus grand profit pour l'Etat & pour les Négocians eux-mêmes.

Que les Négocians laiffent aux étrangers l'importation des Negres de Guinée, puifqu'ils ne favent point en faire la traite, & que leurs fervices & leurs crédits font trop chers. D'ailleurs ils font obligés de tirer de l'étranger beaucoup de marchandifes pour ce Commerce, ou d'y fubftituer des objets de prix ; ce qui tourne au détriment de la Mé-

née, ... 900,000. liv.
____
4,494,000.

L'Etat gagnerait donc 4,494,000 livres, & 2750 Matelots, au lieu de perdre par l'abandon qu'elle feroit aux Etrangers du Commerce de Guinée,

tropole, qui fournit ces objets ; & des Colonies, fur lefquelles on les reprend avec ufure.
Et comment pourrait-on ne pas s'appercevoir
que nos Armateurs Négriers font déformais
dans l'impuiffance, non feulement d'augmenter,
mais même de recruter les ateliers de nos
Colonies ?

Il y avoit à St. Domingue feulement
trois cent mille Noirs avant la derniere
guerre, qui a duré cinq ans. Il eft cer-
tain que la mortalité des Negres excede
les naiffances de près de la moitié, & ce n'eft
ni la faute des Colons, ni la rigueur de la
difcipline des habitations, mais une fuite des
fouffrances que les Negres endurent dans la
traite, & de ces difcttes fréquentes de vivres
auxquelles l'Arrêt du 30 Août dernier a voulu
remédier. Par l'effet de cet Arrêt, on a lieu
d'efpérer que les renaiffances de Negres ga-
gneront peu à peu le niveau de la mortalité;
mais les dénombremens les plus fûrs atteftent
que, dans l'état préfent, il perit chaque année
une vingtieme des Negres employés à la culture ; & qu'il ne naît qu'un fur quarante. La
Colonie de St. Domingue a donc perdu
pendant la derniere guerre plus de trente mille
Negres; & tant que cette guerre a duré, les

importation de Noirs ont été fufpendues.

Les Colons ont donc à réparer cette perte, & à remplacer encore le déficit annuel de dix mille Negres qui meurent de plus qu'il n'en renaît , & à augmenter leur ateliers pour accroître la culture.

De tels befoins exigent au moins pendant cinq années une importation de quarante mille noirs; & il eft évident que nos Armateurs font hors d'état d'y fuffire.

Après cinq années d'importations libres & confidérables , la population des Noirs pourra prendre enfin le niveau de la culture, les Negres, mieux nourris , mieux vêtus par la prévoyance des nouvelles lois, fe multiplieront plus aifément, & l'on pourra enfin renoncer pour toujours à ce Commerce cruel, dangereux , & pénible de la traite des Noirs, qu'il eft d'ailleurs impoffible de faire durer longtemps deformais (1).

---

(1) Cette perfpective ne plaira peut-être pas à nos Armateurs. Un de ceux de Nantes, à qui l'on faifait obferver que l'Arrêt du 30 Août était une loi d'humanité, & qu'il en réfulterait que les Negres, mieux nourris, mourraient moins & peupleraient davantage, répondit froi

Il a été introduit beaucoup de Negres par les étrangers dans les Colonies, mais jamais leur concurrence n'a empéché la vente d'aucune cargaison françoise, & il n'eſt pas à craindre que cela puiſſe jamais arriver. Les Colons acheteront à tout prix tous les Negres qu'on leur préſentera, parce que ce font les inſtrumens de leur culture, & qu'ils regagnent par le temps ce qu'ils paraiſſent perdre en achetant trop cher. Dans cette ſituation il ſerait contraire aux intérêts de la Métropole de prohiber aucune importation de Noirs qui pourrait ſe faire dans les Colonies, ſoit par les nationaux, ſoit par les étrangers. Il ſuffit de fixer une ligne de démarcation entre les uns & les autres, & de maintenir la faveur qui eſt due aux nationaux, en les diſpenſant d'un droit établi ſur chaque tête de Negres apportés par les étrangers.

N'eſt-ce pas une bonne politique que d'encourager le Commerce & l'Agriculture des

---

dement : Voilà le mal, cela fera tomber le Commerce de la côte, qui eſt la richeſſe de nos meilleures maiſons ; & ſi l'on avait penſé de même il y a trente ans, je n'aurais pas fait fortune.

Colonies, & de décharger ce Commerce des principales dépenses, de toutes les entraves, & des risques & pertes, pour ne lui laisser que des bénéfices assurés (1) ?

Les Colons verraient avec plaisir destiner les impôts qui seraient mis sur les importations étrangeres, à la restauration de la péche, du cabotage, & du Commerce du Nord, que les gains trop grands & trop peu légitimes du Commerce exclusif des Iles de l'Amérique, ont fait abandonner par nos Négocians.

Rétablir les branches de Commerce trop négligées, régler sagement celles qui sont plus productives, & en diriger les moindres rameaux aussi loin qu'ils puissent s'étendre ; entretenir par des moyens économiques les liens reciproques qui doivent nous attacher à nos Alliés, redonner à nos manufactures de nouveaux germes d'activité, au négoce des matieres nouvelles, à la Nation des Matelots, à nos arsenaux tout ce que le sol épuisé leur refuse ; tel est le tableau que présente l'administration actuelle de notre Commerce mari-

____

(1) La premiere science du Commerce est d'en diminuer les risques. *Mortimer's Elements of the trade, &c.*

tine, & nos Armateurs feraient d'autant plus
blâmables de réfifter à de fi fages projets,
que l'on a commencé par les délivrer de tous
les obftacles dont ils avaient été environnés
par d'anciens Réglemens. On n'a rien négligé
pour affurer à leurs travauxde juftes récom-
penfes ; on ne s'oppofe qu'à l'abus que plufieurs
d'entre eux voudraient faire d'une profeffion
utile & digne d'être honorée.

FIN.